Poissons et fruits de mer

Poissons et fruits de mer

Louise Rivard

photographies de André Noël

MODUS VIVENDI

© 2008 Les Publications Modus Vivendi inc.
© des photographies

LES PUBLICATIONS MODUS VIVENDI INC.
55, rue Jean-Talon Ouest, 2ᵉ étage
Montréal (Québec)
Canada
H2R 2W8

Directeur éditorial : Marc Alain
Conception graphique : Catherine et Émilie Houle
Photographies: André Noël

Dépôt légal - Bibliothèque et Archives nationales du Québec, 2008
Dépôt légal - Bibliothèque et archives Canada, 2008

ISBN-13 978-2-89523-555-2

Nous reconnaissons l'aide financière du gouvernement du Canada par l'entremise du Programme d'aide au développement de l'industrie de l'édition (PADIÉ) pour nos activités d'édition.

Gouvernement du Québec — Programme de crédit d'impôt pour l'édition de livres — Gestion SODEC

Imprimé en Chine

Recettes tirées des livres :
• 200 recettes anti-cancer
• 200 recettes Oméga-3

Table des matières

24 portions

Salade de thon mexicaine sur endives

Égoutter le thon. Couper les légumes en dés. Déposer dans un petit bol. Arroser d'huile de chanvre et ajouter la coriandre ciselée. Verser le yogourt, la moutarde et le jus de lime. Mélanger. Assaisonner. Effeuiller les endives. Déposer une petite cuillère de thon crémeux par feuille. Ajouter les légumes. Garnir d'herbes fraîches, au goût.

1 boîte de thon blanc 4 oz - 90 g
1/2 avocat Hass
1 tomate moyenne
3 poivrons colorés (1/4 de chacun)
1 c. à soupe (15 ml) d'oignon
1 c. à thé (5 ml) de piment jalapeno haché
1 c. à thé (5 ml) d'huile de chanvre
2 c. à soupe (30 ml) de coriandre ciselée
2/3 tasse (160 ml) de yogourt faible en gras
1 c. à thé (5 ml) de moutarde de Dijon
1 c. à thé (5 ml) de jus de lime
2 endives
Sel et poivre

4 à 6 portions

Palourdes farcies au saumon fumé

Laver les palourdes. Cuire à découvert dans de l'eau avec le vin blanc. Dégager les palourdes de leur coquille. Conserver les coquilles; elles seront utilisées pour y déposer la farce. Jeter celles qui ne se sont pas ouvertes. Conserver le jus. Hacher les palourdes. Faire revenir l'oignon dans l'huile d'olive avec la feuille de laurier. Hors du feu, ajouter le persil frais et saupoudrer la farine en pluie. Mouiller avec le jus de cuisson. Ajouter les palourdes, le saumon fumé et les jaunes d'œufs. Assaisonner. Chauffer le four à l'option gril. Déposer à l'aide d'une cuillère dans les coquilles. Garnir de chapelure et passer sous le gril jusqu'à ce qu'elles soient bien dorées. Servir avec un coulis de poivrons rouges.

Pour le coulis, griller les piments rouges coupés en deux au four, sur une plaque à cuisson. Retirer la pelure dès qu'ils sont tièdes. Couper en lanières. Déposer dans le mélangeur ou dans le robot culinaire. Verser le bouillon de poulet ou de légumes. Mélanger jusqu'à consistance d'une purée ou d'une sauce plus lisse, au goût. Rectifier l'assaisonnement. Servir tiède en accompagnement avec les palourdes farcies.

2 douzaines de palourdes
2 tasses (500 ml) d'eau filtrée
1/2 tasse (125 ml) de vin blanc sec (facultatif)
1 petit oignon rouge haché
1 c. à thé (5 ml) d'huile d'olive
1 feuille de laurier
2 c. à soupe (30 ml) de persil frais haché
1 c. à soupe (15 ml) comble de farine
2 c. à soupe (30 ml) de saumon fumé haché
2 jaunes d'œufs oméga-3
Sel et poivre
1 pincée de Cayenne (facultatif)
Chapelure
Coulis de poivrons grillés
2 poivrons rouges grillés
3/4 tasse (200 ml) de bouillon de poulet ou de légumes
Sel et poivre

■■■■■■■

4 portions

Banderillas d'œufs de caille à la truite fumée

Cuire les œufs dans l'eau bouillante. Écaler. Tailler des lanières de truite fumée pour entourer chaque œuf. Tailler des morceaux de poivron, les faire sauter dans l'huile de canola quelques minutes avant de les piquer aux extrémités des baguettes de bois. Garnir de laitue ou déposer sur une assiette garnie. Servir froid, nappé d'huile d'olive, si désiré.

2 douzaines d'œufs de caille
6 oz (150 g) de truite fumée
1/2 poivron vert et 1/2 poivron rouge sautés
1 c. à thé (5 ml) d'huile de canola
Feuilles de mâche ou roquette
Huile d'olive
12 brochettes de bois

4 à 6 portions

Moules aux légumes gratinées

Moudre les graines de lin. Mélanger le fromage avec les épices, la chapelure et les graines de lin moulues. Réserver. Cuire les moules dans l'eau et le vin jusqu'à ce qu'elles soient ouvertes (de 3 à 4 minutes). Égoutter et jeter les moules fermées et réserver le bouillon. Retirer les moules des coquilles. Conserver les coquilles. Faire suer les échalotes dans l'huile de canola et l'huile d'olive. Ajouter les poivrons. Cuire quelques minutes pour les attendrir. Assaisonner de sel et de poivre, au goût. Déposer deux moules dans chaque coquille et couvrir de mélange de légumes à l'aide d'une cuillère. Saupoudrer de persil frais et de chapelure assaisonnée. Disposer les moules sur une plaque à cuisson. Griller au four environ 3 à 4 minutes ou jusqu'à ce que la chapelure soit légèrement dorée. Servir chaud ou tiède dans une assiette de service ou dans des bols individuels.

| 1 c. à soupe (15 ml) de graines de lin moulues |
| 3 c. à soupe (50 ml) de fromage parmesan |
| 1 pincée de Cayenne ou quelques gouttes de Tabasco |
| 2 c. à soupe (30 ml) de persil frais haché |
| 1/4 tasse (30 g) de chapelure de pain |
| 1 lb (450 g) de moules nettoyées |
| 1 tasse (250 ml) d'eau filtrée |
| 2 tasses (500 ml) de vin blanc sec |
| 2 échalotes françaises hachées |
| 1 c. à soupe (15 ml) d'huile de canola |
| 1 c. à soupe (15 ml) d'huile d'olive |
| 5 à 6 c. à soupe (75 à 90 ml) de poivron jaune ou orange en dés |
| Sel et poivre noir |

■ ■ ■ ■ ■ ■

8 portions

Feuilletés de sardines aux tomates séchées

Préchauffer le four à 375 °F (190 °C). Éponger les sardines; enlever les arêtes. Couper en petits morceaux et les déposer dans un saladier. Incorporer les tomates séchées, la moutarde, le thym et la sauce tomate. Mélanger. Faire revenir l'ail haché dans l'huile d'olive et de noix à feu moyen. Ajouter les sardines pour les enrober. Ajouter le vin blanc. Remuer quelques secondes de plus pour que l'alcool s'évapore. Transférer dans le bol. Recouvrir le fond de moules à muffins réguliers de feuilles de pâte brick. Déposer une cuillérée à soupe du mélange au milieu de chaque feuille. Ajouter le basilic haché. Saupoudrer de fromage. Attacher le tout délicatement avec une ficelle pour créer une aumônière. Badigeonner de jaune d'œuf. Dorer au four environ 10 minutes. Détacher les ficelles. Nouer avec une tige de ciboulette. Servir chaud ou tiède.

| 4 oz (125 g) de sardines ou de thon dans l'huile (1 petite boîte) |
| 4 tomates séchées hachées |
| 1 c. à thé (5 ml) de moutarde de Dijon |
| 1 pincée de thym |
| 2 c. à soupe (30 ml) de sauce tomate |
| 1 petite gousse d'ail émincée |
| 1 c. à soupe (15 ml) d'huile d'olive extra vierge |
| 1 c. à soupe (15 ml) d'huile de noix |
| 1 c. à soupe (15 ml) de vin blanc |
| 8 feuilles de pâte brick |
| 1 c. à soupe (15 ml) de basilic haché |
| 3 c. à soupe (50 ml) de fromage parmesan râpé |
| Sel et poivre noir moulu |
| 1 jaune d'œuf oméga-3 |
| 8 tiges de ciboulette |

4 portions

Tartinade au saumon fumé

Mélanger le fromage, la crème et la ciboulette. Couper le saumon fumé en fines lanières. Déposer le mélange dans une pochette à douille. Façonner des rosettes au centre de chaque tranche de pain ou de chaque craquelin. Garnir d'une lanière de saumon fumé, d'œufs de poisson et d'un brin d'herbe. Recouvrir de pellicule plastique et conserver hermétiquement au réfrigérateur quelques heures.

■■■□■■■

2 à 4 portions

Mangue et saumon

Préparer le granité à l'avance. Verser les trois sortes de jus dans un récipient peu profond. Congeler 30 minutes à 1 heure. Gratter et mélanger à l'aide d'une fourchette pour répartir les cristaux glacés. Remettre à congeler 30 minutes. Répéter l'opération quelques fois. Verser dans les contenants choisis pour le service. Disposer sur une plaque à cuisson et remettre au congélateur jusqu'au moment de servir. Doubler la recette selon les contenants utilisés.

Couper le saumon et la mangue en petits cubes, les mettre dans un bol et ajouter la fleur d'ail, les huiles et le jus de citron. Mélanger. Assaisonner au goût. Déposer sur les granités à l'aide d'une cuillère. Servir immédiatement. Parsemer de noix hachées ou en poudre, au goût.

4,41 oz (125 g) de fromage à la crème léger
2 c. à soupe (30 ml) de crème faible en gras
2 c. à soupe (30 ml) de ciboulette hachée
2 tranches de saumon fumé
4 tranches de pain ou plusieurs craquelins
Œufs de poisson volant (tobiko)
Brins d'herbes (estragon, ciboulette, aneth)
Graines de poivre rose et noir

1 tasse (250 ml) de jus de carotte
1/2 tasse (125 ml) de jus d'orange ou de mangue
1/2 tasse (125 ml) de jus de pomme
3,53 oz (100 g) de saumon frais
1/2 mangue (environ 70 g)
1 c. à thé (5 ml) de fleur d'ail
1 c. à thé (5 ml) d'huile d'olive
1 c. à thé (5 ml) d'huile de canola
1 c. à thé (5 ml) de jus de citron
1 pincée de Cayenne
Poivre noir fraîchement moulu
Garniture
Persil ciselé
Menthe ciselée
1 poignée de noix de Grenoble
Granité aux agrumes

12 portions

Cuillères de poisson fumé sur gelée

Chauffer 1/4 tasse de limonade. Saupoudrer la gélatine dans un petit bol. Verser le jus. Brasser pour bien dissoudre. Ajouter le reste de limonade froide. Verser quelques gouttes de colorant alimentaire. Verser dans chaque cuillère ou dans un bol. Faire prendre la gelée pour qu'elle ne soit pas entièrement ferme. Trancher le poisson fumé en petites bandelettes plus ou moins longues que la cuillère ou faire des motifs en forme de poisson. Déposer une noisette de fromage à la crème au centre de la gelée. Garnir d'un morceau de poisson fumé. Terminer en faisant des fantaisies ou simplement garnir au goût.

■■ ■ ■ ■ ■ ■

12 portions

Cuillères de tartare au maquereau

Fouetter la crème dans un bol froid. Assaisonner. Ajouter la moutarde. Réserver au réfrigérateur. Couper le poisson, les tomates et le concombre en petits dés. Hacher l'estragon. Mélanger délicatement avec l'huile d'olive. Verser quelques gouttes de vinaigre balsamique dans chaque cuillère. Remplir les cuillères, mais pas à ras bord. Réfrigérer. Déposer une touche de crème par-dessus au moment de servir.

1 tasse (250 ml) de limonade froide

1 1/2 c. à thé (7 ml) de gélatine neutre

Colorant bleu

1,76 oz (50 g) de saumon
ou de truite fumé, tranché

Garniture

Fromage à la crème léger (facultatif)

Algues nori (facultatif)

Œufs de poisson

2 c. à soupe (30 ml) de crème à fouetter
ou de yogourt nature faible en gras
(facultatif)

1/2 c. à thé (2 ml) de moutarde
de Dijon au vin blanc

4,41 oz (125 g) de filet de maquereau frais

8 à 10 tomates cerises

1/2 concombre

1 c. à soupe (15 ml) d'estragon frais
(au goût)

1 1/2 c. à soupe (23 ml) d'huile d'olive
extra vierge

Vinaigre balsamique

Sel et poivre noir fraîchement moulu

Minis pâtés
au saumon

Huiler de petits plats de service ou des cuillères chinoises en porcelaine. Cuire les pommes de terre dans l'eau bouillante salée. Hacher le poireau et le faire revenir dans l'huile d'olive. Saler et poivrer le saumon. Cuire avec les poireaux de 2 à 3 minutes de chaque côté. Il ne doit pas trop cuire. Arroser d'un trait de vin blanc, si désiré. Verser un peu d'huile supplémentaire au besoin. Défaire le saumon à l'aide d'une fourchette. Réserver. Réduire les pommes de terre en purée en ajoutant le jaune d'œuf battu et le saumon. Verser du lait écrémé tiède. Assaisonner. Faire des rosettes ou un petit nid de purée. Arroser d'un filet d'huile de chanvre si désiré et garnir d'un brin d'herbe et de poivre rose moulu. Servir tiède.

2 pommes de terre moyennes
1 petit blanc de poireau
1 c. à soupe (15 ml) d'huile d'olive
4,41 oz (125 g) de saumon
1 c. à soupe (15 ml) de vin blanc sec (facultatif)
1 jaune d'œuf oméga-3
1/2 à 3/4 tasse (125 à 180 ml) de lait 1 % tiède
Sel et poivre
Garniture
1 brin d'aneth ou poivre rose
Paprika
1/2 c. à thé (2 ml) d'huile de chanvre

2 portions

Entrée de carpaccio d'espadon à l'agrume

Tailler le poisson en tranches très fines. Saler le jus de pamplemousse ou d'orange. Disposer dans un plat à rebord. Verser le jus et l'huile. Ajouter le persil ciselé. Mariner au réfrigérateur durant 10 à 12 heures. Disposer les tranches froides sur une assiette de service. Décorer avec des quartiers d'orange et des herbes fraîches.

4,41 oz (125 g) d'espadon frais
Le jus d'un gros pamplemousse rose ou de 2 grosses oranges
1/4 à 1/2 c. à thé (1 à 2 ml) de fleur de sel (au goût)
1/2 tasse (125 ml) d'huile d'olive
1 c. à thé (5 ml) de persil ciselé
Garniture
3 à 4 olives noires ou vertes
1 orange
Herbes fraîches (menthe, ciboulette, basilic ou estragon)

■ ■ ■ ■ ■ ■ ■

12 portions

Roulés de courgettes farcies

Préchauffer le four à 375 °F (190 °C). Déposer une feuille de papier parchemin sur une plaque à cuisson vaporisée d'huile. Trancher les courgettes sur la longueur. Éponger et hacher les tomates séchées (réhydratées 30 minutes dans l'eau chaude). Couper le saumon en fines tranches, puis en lanières. Réserver. Déposer les tranches de courgette sur la plaque. Mettre au four 5 minutes pour les attendrir. Laisser refroidir. Déposer une lanière de saumon sur chaque tranche de courgette. Saupoudrer de fromage. Poivrer. Ajouter quelques dés de tomates séchées et des graines de chanvre. Maintenir avec un cure-dents ou une ficelle. Griller quelques minutes de chaque côté dans une poêle cannelée antiadhésive ou sous le gril 4 à 5 minutes. Laisser tiédir quelques minutes avant de servir.

1 courgette verte
1 courgette jaune
4 tomates séchées réhydratées
1 filet de saumon (7 oz - 200 g)
2 c. à soupe (30 ml) de fromage parmesan râpé
Huile de canola
2 c. à soupe (30 ml) de graines de chanvre écalées
4 à 6 feuilles de basilic ciselées
Poivre noir fraîchement moulu

Brochettes de papaye bleuets et saumon

Couper le saumon en morceaux d'environ 1 po (2,54 cm). Déposer dans un saladier. Trancher l'oignon rouge en morceaux. Les déposer dans le saladier avec le romarin. Verser le jus de lime et les huiles. Remuer et rectifier l'assaisonnement. Macérer le saumon 30 minutes à 1 heure au réfrigérateur, au goût. Trancher des cubes de papaye. Confectionner les brochettes en alternant fruits et saumon.

| 1 filet de saumon de 7,06 oz (200 g) |
| 1 petite papaye |
| 2,12 oz (60 g) de bleuets frais |
| Marinade |
| 1 petit oignon rouge |
| 1 brin de romarin |
| 1 c. à thé (5 ml) de jus de lime |
| 1/4 tasse (60 ml) d'huile d'olive extra vierge |
| Sel et poivre fraîchement moulu |

■■■■■■■

Canapés de pommes de terre

Réhydrater les tomates séchées. Couper les pommes de terre en rondelles d'un demi-pouce (2 cm) et les cuire dans l'eau bouillante salée. Les disposer sur un plat de service. Mélanger les ingrédients de la garniture. Creuser légèrement les tranches de pomme de terre pour y mettre un peu du mélange d'huiles afin d'augmenter la teneur en oméga-3 de ces bouchées. Déposer 1/2 c. à thé de garniture (environ) sur chaque rondelle. Servir tiède ou froid.

| 3 ou 4 pommes de terre moyennes |
| 2 tomates séchées hachées |
| 2 tranches de 1,41 oz (40 g) de saumon fumé |
| 1 à 2 petits oignons perlés |
| 1 c. à thé (5 ml) de moutarde à l'ancienne ou de Dijon |
| 1 c. à thé (5 ml) d'un mélange d'huiles oméga-3 (lin, canola, chanvre) |
| 1/2 c. à thé (2 ml) de jus de citron |
| 1/2 tasse (125 ml) de crème sure légère |
| Brins d'aneth hachés (au goût) |
| Ciboulette |
| Sel et poivre fraîchement moulu |

24 portions

Trempette au saumon

Pocher le filet de saumon dans le vin à feu moyen avec la feuille de laurier. Laisser refroidir complètement dans le vin avant d'enlever la peau. L'effilocher à la fourchette. Fouetter le fromage dans un bol avant de le mélanger avec tous les autres ingrédients. Mélanger. Assaisonner. Ajouter du lait selon la consistance voulue. Conserver dans un contenant hermétique au réfrigérateur. Servir avec des biscottes ou du pain tortilla tranché.

■■■■■■■

5,98 oz (170 g) de filet de saumon avec la peau

1/4 à 1/2 tasse (60 à 125 ml) de vin blanc sec

1 feuille de laurier

1/2 tasse (125 ml) de chaque fromage crémeux (ricotta, chèvre) faible en gras

1/2 c. à thé (2 ml) de moutarde de Dijon

1 c. à thé (5 ml) de jus de citron

1 c. à thé (5 ml) de zeste de citron

1 c. à thé (5 ml) de ciboulette sèche ou 1 c. à soupe (15 ml) fraîche

Pincée d'aneth

Sel et poivre noir fraîchement moulu

Lait écrémé

12 à 14 portions

Boules de fromage
au saumon fumé

Hacher la ciboulette et l'aneth finement. Étaler sur une assiette. Éponger les boules de fromage. Les couper en deux. Tailler des lanières de saumon pour recouvrir chacune des demi-boules de fromage. Garnir d'herbes. Déposer sur l'assiette de service.

8 brins de ciboulette hachée

1 c. à thé (5 ml) d'aneth haché

8 boules de fromage de chèvre

4 tranches de 2,64 oz (75 g) de saumon fumé

1 portion

Grillades de calmars en sauce verte

Mélanger tous les ingrédients de la sauce dans un robot culinaire. Verser l'huile d'olive en filet. Assaisonner. Ajuster la quantité de moutarde; commencer par une petite c. à thé.

Laver les calmars, les assécher et les couper en rondelles. Faire griller de chaque côté en les saupoudrant de sel, de poivre fraîchement moulu et de persil ciselé, si désiré. Servir avec du citron et la sauce verte offerte en saucière.

■■■■■■

1 portion

Crevettes panées style oriental

Mélanger la farine de tapioca avec l'œuf battu. Ajouter une pincée de sel. Enrober les crevettes de ce mélange. Les faire frire dans un poêlon ou un wok avec de l'huile. Égoutter sur du papier absorbant. Servir accompagné de bok choy légèrement sautée à l'ail et au gingembre.

2 calmars nettoyés
Jus de citron
Huile d'olive
1 gousse d'ail écrasée
1/2 c. à thé (2 ml) d'origan frais ciselé
1/2 c. à thé (2 ml) de persil frais ciselé
Sauce verte
1 filet d'anchois
1/2 c. à thé (2 ml) de graines de lin moulues (facultatif)
1 c. à thé (5 ml) de câpres
Persil frais
Basilic
Menthe
Vinaigre balsamique blanc
Huile d'olive ou de pépins de raisin
Moutarde de Dijon
Sel et poivre fraîchement moulu

7 crevettes
Panure
1 blanc d'œuf battu
1 c. à soupe (15 ml) de farine de tapioca
Huile d'arachide ou de canola bio
Sel

Bouillons et bases de bouillon

Pour le fond de moules

Amener l'eau et tous les ingrédients à ébullition. Ajouter les moules et laisser bouillir de 3 à 4 minutes à couvert ou jusqu'à ce qu'elles s'ouvrent. Jeter celles qui ne se sont pas ouvertes. Retirer les moules (on peut les consommer ou s'en servir dans une recette). Laisser reposer le bouillon hors du feu 5 minutes avant de l'utiliser. Filtrer avec soin.

■■■■■■

1 tasse (250 ml) d'eau filtrée
1/2 tasse (125 ml) de vin blanc sec
1 petite échalote française émincée
2 branches de céleri
Quelques brins de persil
1 brin de thym
3 lb (1,35 kg) de moules nettoyées
Poivre noir fraîchement moulu

Fumet de poisson régulier

Laver les os de poisson et les carcasses. Dans un faitout, faire suer les légumes dans l'huile et le beurre quelques minutes. Ajouter les os de poisson, l'eau et le vin. Laisser mijoter une vingtaine de minutes en écumant de temps en temps. Laisser reposer 5 minutes hors du feu. Passer au tamis avant l'utilisation.

* Il est préférable d'omettre le vin si on ajoute du lait à la place de la crème de cuisson pour lier les soupes et potages. Augmenter la quantité d'eau dans la préparation de ce fumet.

■■■■■■

2 lb (1 kg) d'arêtes de poissons blancs (morue, bar, flétan, espadon)
1/3 tasse (80 g) de légumes variés hachés fin (oignon, blanc de poireau, feuille de fenouil, céleri-rave)
1 gousse d'ail (facultatif)
1 oz (28 g) de champignons de Paris en morceaux (facultatif)
2 c. à soupe (30 ml) d'huile de canola
1 c. à soupe (15 ml) de beurre
5 tasses (1,2 l) d'eau filtrée
1/2 tasse (125 ml) de vin blanc sec (facultatif) *
Sel de mer
Poivre noir fraîchement moulu

Fumet de poisson oméga-3 +

Porter tous les ingrédients à ébullition et réduire le feu. Laisser mijoter à couvert 20 minutes. Écumer et écraser les ingrédients solides. Laisser mijoter encore 10 minutes puis filtrer en pressant. Conserver la quantité nécessaire (environ 3/4 tasse par portion) sur la cuisinière, à feu doux, et congeler le reste dans des bocaux en prenant soin d'y inscrire le contenu et la date de préparation.

12 1/2 tasses (3 l) d'eau filtrée
17,65 oz (500 g) d'arêtes et de têtes de poissons gras (thon, saumon, maquereau, truite, bar)
1 vert de poireau
1 oignon espagnol (ou 2 gros oignons jaunes)
4 gousses d'ail
1 branche de fenouil
1 brin de thym
1 feuille de laurier
Sel de mer (gros)

4 portions

Velouté de saumon safrané aux moules

Chauffer le lait avec le safran jusqu'à ce qu'il soit coloré et parfumé. Réserver. Trancher l'oignon en quatre. À feu doux dans l'eau, cuire les moules à couvert avec l'oignon, le persil et les feuilles de céleri. Conserver le jus de cuisson et enlever les moules non ouvertes. Retirer les moules des coquilles et réserver. Filtrer l'eau de cuisson. L'ajouter au fumet de poisson et verser le lait safrané. Chauffer et remuer de temps à autre. Trancher finement le poireau et les champignons et les faire suer dans l'huile de canola de 3 à 4 minutes à feu doux. Ajouter un peu d'huile d'olive et faire sauter les cubes de saumon environ 2 minutes. Mélanger la fécule de maïs avec l'huile d'olive. Cuire ce mélange en mouillant avec le fumet très chaud (presque bouillant). Remuer. Assaisonner d'un mélange de 3 poivres et de sel. Incorporer le saumon, les légumes et les moules au bouillon. Mélanger et servir avec du persil frais.

1/2 tasse (125 ml) de lait 1 %
4 à 5 pistils de safran
1 gros oignon
1 1/2 tasse (375 ml) d'eau filtrée
1 lb (450 g) de moules nettoyées
Brins de persil
1 tasse de feuilles de céleri
3 tasses (750 ml) de fumet de poisson gras
2 blancs de poireau
8 champignons de Paris
1 c. à soupe (15 ml) d'huile de canola
1 c. à soupe (15 ml) d'huile d'olive
5,28 oz (150 g) de saumon coupé en cubes
2 c. à soupe (30 ml) de fécule de maïs + 1 c. à soupe (15 ml) d'huile d'olive
Sel et mélange de 3 poivres fraîchement moulus

4 portions

Soupe aux 2 poissons et à l'anis étoilé

Marinade
3 c. à thé (15 ml) de sauce soya, 1 c. à thé (5 ml) de miel, 3 c. à thé (15 ml) de zeste de citron et 3 c. à soupe (50 ml) d'un mélange d'huiles (par exemple : 1/4 c. à thé (1 ml) d'huile de lin, 2 c. à soupe (30 ml) d'huile de canola et 1 3/4 c. à thé (8 ml) d'huile de chanvre).

Couper le poisson en bouchées. Mariner 30 minutes à 1 heure à l'avance. Chauffer le bouillon avec l'anis étoilé. Trancher les légumes en lanières. Les faire sauter quelques minutes dans l'huile de canola avec la gousse d'ail hachée. Verser la sauce mirin en fin de cuisson. Déposer les légumes dans les bols. Cuire les nouilles dans le bouillon. Quand elles sont cuites, les transférer dans les bols. Réchauffer le poisson environ 5 minutes dans le bouillon. Compléter la soupe en distribuant le bouillon très chaud, des portions de poisson et de légumes à l'aide d'une louche.

■ ■ ■ ■ ■ ■ ■

| 7,94 oz (225 g) d'une combinaison de poissons cuits (maquereau et saumon/truite et morue) |
| 3 tasses (750 ml) de bouillon de poulet |
| 1 anis étoilé |
| 4 oignons verts |
| 2 minis bok choy |
| 1 carotte |
| 2 c. à soupe (30 ml) de pousses de bambou |
| 4 minis épis de maïs |
| 1 c. à soupe (15 ml) d'huile de canola |
| 1 gousse d'ail |
| 1 à 2 c. à thé (5 à 10 ml) de sauce mirin |
| 4 portions de nouilles de sarrasin (soba) |

4 portions

Potage santé au maquereau

Nettoyer le poisson. Le couper en morceaux. Râper la carotte et les pommes de terre. Hacher l'échalote, le poireau et le céleri et les transférer dans un faitout pour les faire revenir dans de l'huile de canola. Ajouter la carotte râpée, les pommes de terre et le poisson. Mouiller au vin. Recouvrir du fumet de poisson ou du bouillon de légumes. Laisser mijoter à couvert environ 20 à 30 minutes. Prélever les morceaux de poisson et les déposer dans les bols avant de réduire le tout dans un mélangeur. Délayer les jaunes d'œufs dans un bol avec quelques cuillérées de bouillon chaud. Lier la soupe. Rectifier l'assaisonnement. Garnir de fromage râpé et de persil, au goût.

| 7,06 oz (200 g) de maquereau |
| 1 carotte moyenne |
| 2 pommes de terre moyennes |
| 1 échalote grise |
| 1 blanc de poireau |
| 1 branche de céleri |
| 2 c. à thé (10 ml) d'huile de canola |
| 1 à 2 c. à soupe (15 à 30 ml) de vin blanc sec |
| 4 tasses (1 l) de fumet de poisson ou de bouillon de légumes |
| 2 gros jaunes d'œufs oméga-3 |
| 1/4 tasse (60 g) de fromage gruyère râpé (facultatif) |
| 1 c. à soupe (15 ml) de persil haché |
| Poivre rose |
| Sel de mer |

8 portions

Soupe wonton aux poissons

Bouillon

6 tasses (1,4 l) de bouillon de poulet bio, 2 c. à soupe (30 ml) de sauce soya légère, 2 c. à soupe (30 ml) de jus de lime (facultatif), 1 c. à soupe (15 ml) de pelure de lime, 1/4 tasse (60 ml) de vin chinois ou de sherry et 1 c. à thé (5 ml) de gingembre fraîchement râpé (facultatif).

Garniture

Jus de lime, tranches de lime, feuilles de coriandre, gingembre frais.

Déposer les ingrédients de la farce des raviolis dans un robot culinaire. Bien mélanger. Former de petites boulettes avec environ 1 c. à thé de ce mélange et en farcir les pâtes à wonton. Chauffer le bouillon avec la sauce soya, le jus et la pelure de lime, le vin et le gingembre. Remuer. Déposer la moitié des raviolis dans le bouillon et cuire à couvert 5 minutes environ. Les retirer à l'aide d'une louche. Réserver dans une assiette. Cuire l'autre moitié. Disposer la quantité voulue de pâtes farcies dans les bols et verser le bouillon très chaud dessus. Ajouter un trait de jus de lime, si désiré. Garnir avec de la coriandre, des rondelles de lime ou du gingembre frais.

■ ■ ■ ■ ■ ■

4 à 5 portions

Soupe automnale au thon et quinoa (sans gluten)

Préparer la veille ou quelques jours à l'avance le mélange de graines épicées comme suit : moudre grossièrement et laisser macérer dans un bol de verre pas trop profond en versant les huiles. Aromatiser avec du piment fort.

Chauffer le fumet à feu moyen avec la feuille de laurier et le gingembre. Cuire le quinoa. Écumer au besoin. Trancher l'oignon et l'ail. Les faire revenir dans 1 c. à soupe d'huile de canola. Ajouter le thon. Faire sauter quelques minutes. Arroser de vin. Assaisonner. Réserver. Couper les légumes en cubes et les ajouter au fumet, en réservant les morceaux de laitue chinoise pour la fin de la cuisson. Laisser mijoter à feu moyen 15 minutes. Transférer le poisson et la laitue chinoise dans le chaudron avec les légumes lorsque ceux-ci sont tendres. Délayer la pâte de miso directement dans le chaudron. Verser le thé. Mélanger. Assaisonner de coriandre moulue. Laisser mijoter encore 5 minutes. Servir bien chaud avec une cuillérée du mélange de graines épicées aux huiles.

30 feuilles de pâte style wonton
Farce à raviolis wonton
3,53 oz (100 g) de saumon cuit
3,53 oz (100 g) de maquereau cuit
3,53 oz (100 g) de crevettes cuites
3 œufs oméga-3
1/4 c. à thé (1 ml) de petit piment rouge haché ou quelques gouttes de Tabasco
1 gousse d'ail hachée
2 c. à soupe (30 ml) de basilic (thaï)
1 c. à soupe (15 ml) de gingembre fraîchement râpé

■ ■ ■ ■ ■ ■

5 tasses (1,2 l) de fumet de poisson gras
1 feuille de laurier
1 c. à thé (5 ml) de gingembre frais haché
1/2 tasse (125 g) de quinoa
1 oignon
1 gousse d'ail
2 c. à soupe (30 ml) d'huile de canola
1 filet (300 g) de thon
1 c. à thé (5 ml) de saké ou de vin blanc sec
1/4 tasse (60 g) de sarrasin vert
1 carotte moyenne
1 courge musquée
1 poivron rouge ou jaune
4 à 5 feuilles de laitue chinoise
2 c. à soupe de pâte de miso
1 tasse (250 ml) de thé vert Sencha
1/2 c. à thé (2 ml) de coriandre moulue
Sel et poivre noir fraîchement moulu
Mélange de graines épicées aux huiles
4 c. à soupe (60 ml) d'un mélange de graines (tournesol, chanvre, lin moulues, citrouille)
1/4 tasse (60 ml) d'huiles de chanvre et de canola et une petite quantité d'huile de lin
1/2 petit piment fort ou une pincée de piment chili en poudre ou de la pâte de Chili

4 portions

Soupe de pétoncles aux légumes

Rincer et essuyer les pétoncles et les crevettes. Saler et poivrer. Couper les légumes en julienne et les faire suer quelques minutes dans un mélange d'huiles de canola et d'olive. Ajouter le fond de moules et le fumet de poisson au bouillon de légumes et porter à ébullition. Réduire le feu. Laisser mijoter 3 minutes avant d'y ajouter les pétoncles et les crevettes. Cuire environ 3 minutes. Trop cuire risque de les faire durcir et sécher. Mouiller de vermouth. Assaisonner au goût et verser l'huile de canola en filet. Servir immédiatement.

| 8 gros pétoncles |
| 8 grosses crevettes |
| 1 carotte moyenne |
| 1 blanc de poireau |
| 1 branche de céleri |
| 1 c. à soupe (15 ml) d'huile de canola |
| 1 c. à soupe (15 ml) d'huile d'olive extra vierge |
| 1 tasse (250 ml) de fond de moules |
| 1 tasse (250 ml) de fumet de poisson |
| 1 tasse (250 ml) de bouillon de légumes ou de poulet |
| 1 c. à soupe (15 ml) de vermouth blanc |
| Sel et poivre fraîchement moulu |
| Brins de ciboulette ciselés |

■ ■ ■ ■ ■ ■

4 portions

Soupe du pêcheur

Faire bouillir les moules dans l'eau et le vin jusqu'à ce qu'elles soient ouvertes (de 3 à 4 minutes). Égoutter, jeter les moules qui ne se sont pas ouvertes et réserver le bouillon. Retirer les moules des coquilles. Réserver. Faire suer le poireau dans l'huile de canola. Incorporer les tomates et la pelure de citron. Mouiller avec la moitié du bouillon. Réduire le feu et laisser mijoter 8 minutes. Retirer la pelure de citron. Réduire en purée. Transférer dans un faitout. Ajouter le reste du bouillon. Assaisonner. Trancher les pétoncles (s'ils sont gros). Ajouter le poisson tranché, les crevettes et les moules. Laisser mijoter 5 minutes. Parsemer d'herbes fraîches et de fromage râpé au moment de servir.

| 1 lb (450 g) de moules nettoyées |
| 1 tasse (250 ml) d'eau filtrée |
| 2 tasses (500 ml) de vin blanc sec |
| 1 blanc de poireau haché |
| 2 c. à soupe (30 ml) d'huile de canola |
| 1 grosse boîte (240 oz - 800 ml) de tomates entières |
| 1 petite pelure de citron |
| 1/4 lb (125 g) de petits pétoncles |
| 1/4 lb (125 g) de crevettes décortiquées |
| 1/4 lb (125 g) de maquereau |
| Herbes fraîches (aneth, ciboulette, estragon) |
| Fromage râpé faible en gras (chèvre, cheddar, emmenthal) |

4 à 5 portions

Soupe de poisson blanc à la menthe

Cuire les nouilles dans l'eau bouillante. Réserver. Tailler le poisson et les champignons en morceaux. Chauffer le bouillon et le fumet. Ajouter la citronnelle et environ 3 c. à soupe de menthe hachée. Laisser mijoter 5 minutes. Ajouter la sauce soya, le jus de citron, les champignons, le poisson et les crevettes. Laisser mijoter encore 5 minutes. Mettre les nouilles au fond des bols. Déposer le poisson et les crevettes à l'aide d'une louche. Verser le bouillon. Garnir de menthe fraîche. Accompagner de sauce chili orientale et de jus de citron.

■ ■ ■ ■ ■ ■ ■

3,53 oz (100 g) de nouilles orientales
8,81 oz (250 g) de poisson blanc (bar, flétan)
3 champignons shiitake
2 tasses (500 ml) de bouillon de légumes
2 tasses (500 ml) de fumet de poisson
1 c. à thé (5 ml) de citronnelle râpée
3 à 4 c. à soupe (50 à 60 ml) de menthe hachée
3 c. à soupe (50 ml) de sauce soya légère
1 c. à soupe (15 ml) de jus de citron frais
8,81 oz (250 g) de crevettes crues
Sauce chili orientale
Jus de citron

4 à 5 portions

Potage express au tofu et crevettes

Tremper les nouilles dans l'eau très chaude. Les égoutter quand elles sont bien tendres. Réserver. Porter à ébullition le fumet et le bouillon dans un faitout. Ajouter les légumes, l'ail, le gingembre et la citronnelle. Réduire le feu et laisser mijoter à couvert 15 minutes. Fouetter les œufs dans un bol. Ajouter quelques cuillérées de bouillon chaud. Lier la soupe. Rectifier l'assaisonnement. Ajouter le tofu et les crevettes. Laisser mijoter encore 5 minutes à feu doux. Déposer les nouilles au fond de chaque bol. Verser une louche de bouillon et parsemer d'oignons verts. Offrir de la sauce soya et des graines de lin.

4 portions de nouilles cellophane (de riz)
2 tasses (500 ml) de fumet de poisson gras
2 tasses (500 ml) de bouillon de poulet
1 tasse (250 g) d'un mélange de légumes (brocoli, chou-fleur, carottes)
1 gousse d'ail hachée
Gingembre frais (au goût)
1 c. à thé (5 ml) de citronnelle râpée
2 gros œufs oméga-3
1 morceau (300 g) de tofu soyeux
1/2 tasse (125 g) de crevettes cuites
2 oignons verts tranchés
Sauce soya légère
Graines de lin moulues

4 portions

Velouté d'asperges au poisson fumé

Sortir le lait du réfrigérateur 1 heure à l'avance. Éplucher grossièrement les asperges (si les tiges sont trop fibreuses). Mélanger le fromage de chèvre avec les herbes. Réserver. Rincer les légumes et les couper en morceaux. Faire revenir le blanc de poireau dans l'huile de canola. Chauffer le bouillon jusqu'à ce qu'il commence à frémir. Réduire le feu. Ajouter les asperges et le panais avec un morceau d'écorce de citron. Laisser mijoter jusqu'à tendreté. Incorporer le poireau et la truite fumée 5 minutes avant la fin de la cuisson. Retirer l'écorce de citron et réduire le tout dans un mélangeur. Rectifier l'assaisonnement. Ajouter le lait. Parsemer du mélange de fromage de chèvre et d'herbes. Servir avec quelques gouttes d'huile de noix et des croûtons, si désiré.

1/2 tasse (125 ml) de lait 1 %
1 botte d'asperges blanches
4 c. à thé (20 ml) de fromage de chèvre (6 % de gras)
1 c. à soupe (15 ml) d'herbes fraîches (persil, cerfeuil)
1 panais
1 blanc de poireau
1 c. à soupe (15 ml) d'huile de canola
2 tasses (500 ml) de fumet de poisson ou de bouillon de légumes
1 écorce de citron d'un demi-pouce (2 cm)
0,70 oz (20 g) de truite fumée
Sel et poivre
Huile de noix (facultatif)
Croûtons

1 portion

Salade de sardines à la courgette

Couper la courgette à l'aide d'une mandoline. Assaisonner. Mélanger tous les autres légumes dans un saladier. Griller les 2 moitiés du citron dans une poêle cannelée dans le mélange d'huiles. Laisser tiédir. Extraire le jus pour la vinaigrette. Conserver le surplus au réfrigérateur dans un contenant hermétique. Fouetter les ingrédients de la vinaigrette. Verser sur les légumes. Remuer. Incorporer le parmesan coupé en copeaux et les noix. Servir avec les sardines cuites.

1/2 courgette
2 à 3 feuilles de laitue Boston
4 à 6 brins de cresson
1/2 c. à thé (2 ml) de persil ciselé
1 c. à thé (5 ml) de copeaux de parmesan
3 cerneaux de noix (facultatif)
1 à 2 filets de sardines en conserve (ou cuits au four)
Vinaigrette
1 c. à thé (5 ml) de jus d'un citron grillé moyen
1 c. à thé (5 ml) d'un mélange d'huiles (d'olive et de citrouille ou de chanvre)
1/2 c. à thé (2 ml) de vinaigre balsamique
Sel et poivre noir fraîchement moulu

■ ■ ■ □ ■ ■ ■

1 portion

Salade de saumon à l'avocat

Émietter le saumon dans un bol en verre et verser l'huile. Hacher la moitié de l'oignon. Ajouter au saumon. Remuer. Assaisonner. Mouler le saumon à l'aide d'un emporte-pièce. Trancher l'avocat sur la longueur. Disposer les tranches dans une assiette de service recouverte de laitue. Ajouter la tomate et l'oignon restants. Fouetter les ingrédients de la vinaigrette. Verser la vinaigrette sur les légumes. Servir.

2,82 oz (80 g) de saumon cuit
1 c. à soupe (15 ml) d'huile d'olive
1 tranche d'oignon espagnol ou 1 petit oignon perlé
1 petit avocat Hass mûr
1/2 c. à thé (2 ml) de persil haché
1 tomate moyenne tranchée
10 à 12 feuilles de mesclun
Vinaigrette
1 c. à thé (5 ml) de jus de lime
1 c. à soupe (15 ml) d'un mélange d'huile d'olive et d'huile de canola
1/8 c. à thé d'huile de lin
1/2 c. à thé (2 ml) de miel
1/4 c. à thé (1 ml) de moutarde de Dijon
1/2 c. à thé (2 ml) d'estragon haché
Sel et poivre noir moulu

1 portion

Salade de papaye bleuets sauvages et crevettes

Couper la papaye en 2 puis en fines tranches. Faire de même avec l'avocat. Les arroser de jus de lime pour ne pas qu'elles s'oxydent. Émincer le céleri et l'oignon vert. Les mettre dans un saladier. Incorporer le crabe ou les crevettes hachées, le riz cuit et la mayonnaise. Ajouter une pincée de chacune des épices. Rectifier l'assaisonnement. Verser un trait de jus d'orange et de lime, au goût. Décorer avec des bleuets et du zeste de lime. Servir immédiatement.

1/2 papaye
1/2 avocat tranché
6 oz (170 g) de crevettes hachées ou de crabe
1 grosse crevette cuite
1/2 tasse (125 ml) de riz
1 poignée de bleuets sauvages
Zeste de lime (facultatif)
1 c. à thé (5ml) de jus de lime
1 c. à thé (5 ml) de jus d'orange
1 branche de céleri émincée
1 oignon vert émincé
Mayonnaise à l'huile d'olive
Paprika
Curcuma
Poivre fraîchement moulu

1 portion

Salade de thon style méditerranéen

Rincer le filet d'anchois. Tremper 15 minutes dans l'eau. Hacher finement. Cuire les haricots verts dans un chaudron et la pomme de terre, dans un autre. Refroidir sous l'eau froide. Réserver. Couper la pomme de terre en cubes. Hacher finement les haricots verts. Trancher le steak de thon en lanières ou en cubes. Déposer tous les légumes et les morceaux d'anchois dans un saladier. Fouetter les ingrédients de la vinaigrette. Verser dans le saladier. Ajouter les herbes hachées. Remuer. Réserver. Disposer un peu de laitue en feuilles et des légumes dans une assiette de service. Servir en versant la vinaigrette.

1 petit filet d'anchois
6 à 8 haricots verts minces
1 petite pomme de terre jaune cuite
3,53 oz (env. 100 g) de steak de thon
3 à 4 olives Kalamata
2 à 3 tomates cerises
2 feuilles de laitue
2 c. à soupe (30 ml) de croûtons ou 1 tranche de pain de blé entier
Vinaigrette
1 c. à thé (5 ml) de jus de citron
1 c. à thé (5 ml) de vinaigre balsamique
2 c. à soupe (30 ml) d'huile d'olive
1/4 c. à thé (1 ml) d'ail haché
Basilic et origan hachés
Sel et poivre noir fraîchement moulu

■ ■ ■ ■ ■ ■

1 portion

Salade de pommes croquantes

Mélanger les ingrédients de la vinaigrette à l'aide d'une fourchette. Tamiser si désiré. Assaisonner. Prélever le cœur de la pomme. Trancher la pomme en quartiers et le fromage et le saumon, en lanières. Déposer le tout dans un saladier. Ajouter la laitue, le persil et la ciboulette hachée. Verser la vinaigrette. Remuer. Rectifier l'assaisonnement. Servir en saupoudrant des graines de chanvre écalées.

1 pomme Granny Smith
1 tranche de fromage mozzarella partiellement écrémé
1 tranche de saumon fumé
2 c. à soupe (30 ml) de graines de chanvre écalées
10 à 12 feuilles de mesclun
1 c. à thé (5 ml) de persil haché
1 à 2 brins de ciboulette hachés
Vinaigrette
1 c. à soupe (15 ml) comble de framboises
1 c. à soupe (15 ml) d'huile de noix
1/8 c. à thé d'huile de lin
1 c. à thé (5 ml) de vinaigre de vin rouge
1/4 c. à thé (1 ml) ou plus de miel doux
Fleur de sel et poivre noir moulu

1 portion

Salade croquante aux petits fruits

Recouvrir le thon de poivre noir concassé, au goût. Saler au goût. Appuyer pour les faire adhérer. Griller au goût dans l'huile de canola ou d'olive. Trancher et réserver. Cuire le sarrasin dans l'eau filtrée salée. Rincer. Laisser tiédir. Ajouter les graines et l'oignon vert haché. Réserver. Râper du gingembre frais et en extraire le jus. Fouetter tous les ingrédients de la vinaigrette. Verser sur le mélange croquant. Remuer. Assaisonner. Déposer dans une assiette ou un bol garni de laitue. Agrémenter avec les petits fruits.

1,41 oz (40 g) de thon rouge
Poivre noir concassé
1 c. à thé (5 ml) d'huile de canola ou d'olive
1/4 tasse (60 g) de sarrasin blanc
1/2 tasse (125 ml) d'eau filtrée
1 pincée de sel de mer
1 c. à thé (5 ml) de graines de citrouille ou de chanvre écalées
1 petit oignon vert haché
3 à 4 feuilles de laitue romaine
1/2 tasse (125 g) de petits fruits (fraises, mûres)
Vinaigrette
1/8 c. à thé de jus de gingembre
1/2 c. à thé (2 ml) d'huile de noix et d'huile de citrouille ou de canola
2 à 3 gouttes d'huile de sésame
1/2 c. à thé (2 ml) de jus de lime
1/2 c. à thé (2 ml) de vinaigre balsamique
Sucre ou miel
4 feuilles de menthe ciselées
Sel et poivre moulu

■■■■■■

1 portion

Salade au saumon mariné

Mélanger les ingrédients de la vinaigrette. Arroser les kiwis, les oignons et les quartiers de pamplemousse de vinaigrette. Laisser mariner quelques heures. Couper le filet de saumon en tranches très fines. Saler et poivrer. Arroser de jus de citron ou de lime. Laisser reposer 10 minutes. Garnir une assiette de laitue arrosée de vinaigrette. Ajouter tous les ingrédients de la salade et touiller. Servir.

1/2 kiwi tranché
2 tranches (minces ou épaisses) d'oignon rouge
1/2 pamplemousse rose
1 filet de saumon de 3,53 à 4,41 oz (100 à 125 g)
Sel et poivre fraîchement moulu
1/2 c. à thé (2 ml) de jus de citron ou de lime
15 à 20 feuilles de mesclun
Vinaigrette
1 c. à thé (5 ml) de jus de citron ou de lime
1 c. à thé (5 ml) d'huile de canola
2 c. à thé (10 ml) d'huile d'olive
Quelques gouttes d'huile de noix
1/2 c. à thé (2 ml) de sauce mirin
1/4 c. à thé (1 ml) de gingembre haché
1 pointe d'ail hachée
1 pincée de poivre de Sichuan
Sel et poivre

50

1 portion

Salade de saumon fumé pique-nique

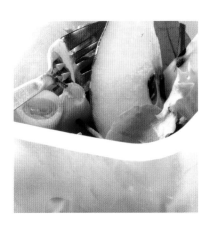

Travailler le fromage crémeux à l'aide d'une fourchette pour le ramollir. Ajouter le fromage bleu. Bien mélanger. Émulsionner à l'aide d'un fouet (dans un robot culinaire ou au mélangeur) les ingrédients de la vinaigrette. Verser sur la laitue coupée en morceaux, avec les quartiers de poire. Servir avec du pain grillé, les bouchées de saumon et le mélange de fromage crémeux à tartiner. Garnir l'assiette de cerneaux de noix.

2 tranches (0,70 à 0,81 oz / 20 à 25 g) de saumon fumé

Fromage crémeux à tartiner

1 c. à thé (5 ml) de fromage bleu

2 c. à soupe (30 ml) de fromage à la crème léger ou de chèvre

1/4 c. à thé (1 ml) de ciboulette ou d'aneth haché

Vinaigrette

1 c. à thé (5 ml) d'huile de noix

1/2 c. à thé (2 ml) de vinaigre balsamique

1/4 c. à thé (1 ml) de graines d'anis broyées

Sel et poivre noir

Accompagnement

15 à 20 feuilles de laitue (roquette, mesclun)

1 poire ou 1 pomme

Persil haché

1 c. à thé (5 ml) de câpres

1 tranche de pain grillé (facultatif)

2 cerneaux de noix

4 portions

Burger au saumon

Hacher le saumon grossièrement. Fouetter légèrement le blanc d'œuf. Mélanger tous les ingrédients. Former des galettes en utilisant 2 c. à soupe du mélange (faire de plus grosses galettes pour garnir des pains kaiser). Dans un poêlon antiadhésif, cuire les galettes de poisson dans le mélange d'huiles de 3 à 4 minutes de chaque côté, selon l'épaisseur. Badigeonner de sauce à la lime, si désiré. Déposer sur du papier absorbant pour en extraire l'excédent d'huile. Trancher les pains en deux et les napper de mayonnaise maison, si désiré. Agrémenter de légumes frais.

■ ■ ■ ■ ■ ■ ■

1 à 2 portions

Rouleaux aux œufs à l'orientale

Mélanger tous les ingrédients de la sauce dans un robot culinaire ou un mélangeur. Ajouter de l'eau pour une sauce plus liquide. Réserver. Trancher les légumes en fines lanières. Réserver. Tremper les galettes dans de l'eau tiède 1 minute pour les ramollir. Conserver dans un linge humide jusqu'au moment de les farcir. Fouetter les œufs avec l'eau filtrée. Ajouter la sauce de poisson ou la sauce soya, au goût. Chauffer l'huile de canola dans un poêlon. Faire sauter l'oignon vert. Ajouter le mélange d'œufs. Retourner l'omelette à l'aide d'une spatule pour la cuire des deux côtés. Couper en deux portions pour convenir à la grandeur de la galette de riz. Laisser tiédir. Faire sauter les crevettes dans l'huile de canola avec le gingembre et le poivre de Cayenne ou la pâte de chili. Laisser tiédir sur du papier absorbant. Déposer l'omelette sur la galette de riz et garnir de légumes et de crevettes. Rouler. Servir immédiatement avec la sauce aux noix.

Galette de saumon

14 oz (400 g) de saumon
1 blanc d'œuf oméga-3
4 c. à soupe (60 ml) de farine de riz
2 c. à thé (10 ml) de zeste de lime
1 c. à thé (5 ml) de gingembre haché
2 c. à soupe (30 ml) d'oignons rouges hachés
2 c. à soupe (30 ml) de persil haché
1/2 c. à thé (2 ml) d'huile de canola et d'huile d'olive
1 pincée de poivre de Cayenne
4 pains kaiser au blé entier

Mayonnaise maison

Sauce à la lime (facultative)

Le jus de 2 limes
4 c. à soupe (60 ml) d'huile de canola
2 c. à soupe (30 ml) d'huile de noix
1 c. à thé (5 ml) de sauce soya
1 c. à thé (5 ml) de miel

1 oignon vert tranché
1/2 concombre
1 petite carotte
2 galettes de riz
2 œufs oméga-3
2 c. à soupe (30 ml) d'eau filtrée
Quelques gouttes de sauce de poisson
1/4 c. à thé (1 ml) de sauce soya légère
1 c. à thé (5 ml) d'huile de canola
4 très grosses crevettes crues décortiquées
1 pincée de gingembre haché
Poivre de Cayenne ou pâte de chili
1 brin de coriandre (facultatif)

Sauce aux noix

1 tasse (250 g) de noix et de graines moulues (noix de Grenoble, amandes, graines de chanvre et graines de lin)
1 c. à thé (5 ml) de miel (au goût)
1/2 à 3/4 tasse (125 à 180 ml) d'eau filtrée
1 c. à soupe (15 ml) de sauce soya légère

2 portions

Sandwich au thon grillé

Chauffer l'huile à feu moyen. Dorer les oignons verts tranchés. Verser la sauce Mirin. Remuer. Réduire le feu et cuire environ 10 minutes. Déposer sur du papier essuie-tout. Badigeonner le thon de sauce soya. Parsemer un côté de zeste de citron. Griller le poisson entier dans l'huile de canola. Servir avec les oignons caramélisés. Garnir de tranches de poivron, de coriandre et d'épinards ou de laitue.

6 oignons verts hachés

1 à 2 c. à thé (5 à 10 ml) d'huile de canola

1/4 c. à thé (1 ml) de sauce Mirin

3,53 oz (100 g) de thon rouge

1/4 à 1/2 c. à thé (1 à 2 ml) de sauce soya légère

1 à 2 c. à thé (5 à 10 ml) de vermouth ou de vin blanc (facultatif)

1/4 c. à thé (1 ml) de zeste de citron

Huile de canola

Garniture

4 rondelles de poivron rouge

1 brin de coriandre

3 à 4 feuilles d'épinards ou de laitue romaine

2 portions

Croque-madame au saumon

Pour la béchamel, mélanger la margarine ou l'huile avec la farine. Dans une casserole, verser le lait et chauffer jusqu'à frémissement. Ajouter le roux (mélange de farine et de beurre ou d'huile) et cuire à feu moyen-élevé tout en continuant de fouetter jusqu'à épaississement. Assaisonner. Retirer du feu. Sous le gril, cuire les tranches de pain aux amandes, vaporisées d'huile d'olive. Préparer le croque-madame en ajoutant le saumon fumé, la moutarde et les garnitures au choix. Napper le sandwich de sauce chaude. Saupoudrer du fromage mozzarella râpé. Griller au four de 4 à 5 minutes à 400 °F (205 °C) sur une plaque à cuisson. Servir chaud.

4 tranches de pain aux amandes

4 tranches de saumon fumé

4 c. à thé (5 ml) de moutarde de Dijon

1/2 tasse (125 g) de fromage mozzarella écrémé

Huile d'olive en vaporisateur

Sauce béchamel

Roux

1 c. à soupe (15 ml) de margarine non hydrogénée ou d'huile de canola

1 c. à soupe (15 ml) de farine non blanchie

3/4 tasse (180 ml) de lait 1 %

1 pincée de noix de muscade

Sel et poivre

Garnitures (au choix)

2 c. à soupe (30 ml) d'olives noires tranchées

1 c. à soupe (15 ml) de câpres

2 rondelles d'oignon grillées

1 c. à thé (5 ml) d'aneth ciselé

24 bébés épinards

6 à 8 asperges cuites

4 portions

Ragoût de fruits de mer espagnol

Dans un chaudron, verser le vin avec les 2 tasses d'eau et cuire les moules et les palourdes à feu élevé environ 4 minutes, à couvert. Jeter les fruits de mer dont la coquille ne s'est pas ouverte. Extraire les moules et les palourdes de leurs coquilles, puis jeter les coquilles. Filtrer l'eau de cuisson. Réserver. Faire suer doucement l'oignon haché dans le chaudron, dans l'huile d'olive et de canola. Verser l'eau de cuisson filtrée. Ajouter les calmars, le jus de citron, les tomates, le Tabasco, l'ail, le safran, la feuille de laurier et le sherry. Porter à ébullition, puis réduire le feu en laissant mijoter encore 10 minutes. Incorporer les crevettes, les langoustes, la morue tranchée et le riz cuit. Remuer. Poursuivre la cuisson 10 minutes en ajoutant le persil. Ajouter un peu d'eau, si nécessaire. Verser un filet du mélange d'huiles au moment de servir.

■ ■ ■ ■ ■ ■ ■

4 à 6 portions

Mijoté aux œufs et au saumon

Cuire les œufs à la coque 8 à 10 minutes. Les trancher en rondelles. Saler et poivrer. Réserver. Faire sauter les échalotes dans une casserole, dans un peu d'huile de canola. Augmenter la chaleur à moyen-élevé. Mélanger la farine avec 1 tasse de lait en utilisant un pot avec un couvercle. Verser le mélange dans la casserole avec la feuille de laurier et le reste du lait et remuer. Le mélange épaissira. Assaisonner. Réduire le feu. Incorporer le maïs. Mijoter quelques minutes, le temps de préparer le pain grillé. Ajouter le saumon fumé coupé en fines lanières et les œufs au dernier moment. Servir le mijoté sur les rôties. Parsemer d'olives noires.

2 tasses (500 ml) d'eau filtrée
1/2 tasse (125 ml) de vin blanc sec
16 oz (454 g) de moules
16 oz (454 g) de grosses palourdes
1 oignon haché
2 c. à soupe (30 ml) d'huile d'olive
1 c. à soupe (15 ml) d'huile de canola
1 c. à soupe (15 ml) de jus de citron
1 tasse (250 g) de tomates en conserve
4 à 5 pistils de safran
1/4 tasse (60 ml) de sherry ou de vin rouge
8 oz (227 g) de crevettes moyennes
4 à 6 langoustes cuites
12 oz (340 g) de calmars tranchés
8 oz (227 g) de morue
1 tasse (250 g) de riz à grains longs cuit
2 c. à soupe (30 ml) de persil plat haché
Quelques gouttes de Tabasco
2 gousses d'ail dégermées
1 feuille de laurier
Sel et poivre fraîchement moulu
Mélange d'huiles : 1/4 c. à thé (1 ml) d'huile de lin et 2 c. à soupe (30 ml) au choix : huile de chanvre, de citrouille, de soya ou d'olive (facultatif)

10 œufs oméga-3 de calibre large
2 échalotes françaises hachées
1 c. à thé (5 ml) d'huile de canola
4 c. à soupe (60 ml) de farine de kamut
4 tasses (1 l) de lait 1 %
1 feuille de laurier
4 à 6 tranches de pain grillé entier (kamut, épeautre)
2 tranches de saumon fumé
1 tasse (250 g) de maïs en grains
1/4 tasse (60 g) d'olives noires tranchées (8 à 12 entières)
Sel et poivre noir moulu

Lasagne aux 2 saumons et aux épinards

Préparation de la sauce : Trancher l'oignon en deux. Dans une casserole, mettre l'oignon coupé, la feuille de laurier et la muscade. Verser le lait et porter à ébullition. Retirer du feu. Laisser tiédir. Filtrer. Chauffer à nouveau le lait. Dans une autre casserole, faire le roux (mélanger la farine avec l'huile). Verser le lait et le fouetter pour éviter que des grumeaux ne se forment. Porter à ébullition tout en continuant à fouetter. Réduire le feu quand la sauce commence à épaissir. Mijoter 2 à 4 minutes.

Préparation des épinards : Couper les tiges. Bien rincer. Blanchir les épinards, les passer sous l'eau froide et les éponger pour enlever l'excédent d'eau. Les hacher grossièrement. Faire sauter dans l'huile avec l'échalote hachée à feu moyen quelques minutes. Ajouter l'ail haché, si désiré. Incorporer le persil. Mélanger. Retirer du feu. Réserver dans un bol. Préchauffer le four à 350 °F (180 °C).

Montage : Cuire les pâtes selon les instructions du fabricant ou 3 minutes pour des pâtes fraîches. Les rincer sous l'eau froide. Étaler sur un linge humide. Émietter le saumon cuit dans un bol. Poivrer. Ajouter des herbes hachées. Disposer les segments de pâtes à lasagne dans une lèchefrite beurrée, en commençant par un premier rang. Alterner pâtes, saumon ou épinards et béchamel. Terminer avec du fromage mozzarella mélangé avec du parmesan. Recouvrir de papier aluminium qu'il faudra enlever en fin de cuisson, pour permettre au fromage de gratiner. Cuire de 30 à 45 minutes, incluant 8 à 10 minutes à découvert.

6 oz (180 g) d'épinards

1 c. à soupe (15 ml) d'huile d'olive

1 échalote française hachée

1 gousse d'ail hachée (facultatif)

2 c. à soupe (30 ml) de persil haché

8 à 10 feuilles de lasagne

14,12 oz (400 g) de saumon cuit

2,64 oz (75 g) de saumon fumé

1 c. à soupe (15 ml) d'estragon ou d'aneth haché

1/4 tasse (60 g) de graines de chanvre ou de noix de pin (facultatif)

3 à 4 tasses (750 à 1 000 ml) de béchamel

1 tasse (250 g) de fromage mozzarella râpé, partiellement écrémé

1/4 tasse (60 g) de fromage parmesan

1 pincée de muscade

Sel et poivre noir fraîchement moulu

Sauce béchamel

1 petit oignon

1 feuille de laurier (facultatif)

Pincée de muscade

5 tasses (1,25 l) de lait 1 %

6 c. à soupe (90 ml) d'huile de canola

7 c. à soupe + 1 c. à thé (110 ml) de farine tout usage

Sel et poivre noir fraîchement moulu

4 à 6 portions

Mijoté à la portugaise

Couper les sardines, la lotte et le saumon fumé en bouchées. Dans un chaudron, faire sauter l'oignon dans le mélange d'huiles d'olive et de canola. Verser le fumet de poisson. Ajouter tous les ingrédients restants, sauf les crevettes et les pétoncles. Laisser mijoter de 30 à 40 minutes. Ajouter les crevettes et les pétoncles en fin de cuisson (3 à 4 minutes). Rectifier l'assaisonnement en ajoutant du sel et du poivre et quelques gouttes de Tabasco, au goût. Ajouter un peu d'eau, si nécessaire. Verser un filet du mélange d'huiles au moment de servir.

■■■■■■

3,5 oz (100 g) de sardines ou de maquereau
5 oz (150 g) de lotte ou de pétoncles
2 c. à soupe (30 ml) de saumon fumé
1 oignon jaune haché
1 c. à thé (5 ml) d'huile d'olive
1 c. à thé (5 ml) d'huile de canola
3 tasses (750 ml) de fumet de poisson ou de bouillon de poulet
1/2 tasse (125 ml) de vin blanc sec
4 tomates séchées hachées
2 gousses d'ail hachées
2 tasses (500 g) de tomates en boîte
1 tasse (125 g) de poivrons de couleur
3/4 tasse (180 g) de riz rond, cuit
1 feuille de laurier
2 c. à soupe (30 ml) de persil haché
5 oz (150 g) de crevettes
Quelques gouttes de Tabasco
Sel et poivre moulu
Mélange d'huiles : 1 c. à soupe (15 ml) d'huile d'olive + 1/4 c. à thé (1 ml) d'huile de lin (facultatif)

1 portion

Pâtes et maquereau aux tomates grillées

Assaisonner le poisson nettoyé et épongé. Couper en bouchées. Chauffer une poêle avec un peu d'huile. Faire sauter l'échalote quelques minutes. Faire sauter ou pocher le poisson dans un fond de bouillon. Réserver au chaud. Cuire les pâtes dans le bouillon. Couper la tomate en tranches épaisses. Saupoudrer de basilic haché. Vaporiser d'huile une poêle cannelée antiadhésive et y faire griller les tranches de tomate environ 3 minutes ou sous le gril du four. Servir les pâtes sur les épinards saupoudrés de parmesan et de basilic haché. Verser un filet du mélange d'huiles et garnir de tranches de tomate et de bouchées de poisson.

3,53 oz (100 g) de maquereau
1 échalote française hachée
1 c. à thé (5 ml) d'huile d'olive
1/2 tasse (125 ml) de bouillon de poisson
1 portion de pâtes
1 tomate
1 c. à thé (5 ml) de basilic haché
1 poignée de bébés épinards
2 c. à soupe (30 ml) de fromage parmesan

4 portions

Mijoté aux sardines style mexicain

Trancher les sardines évidées et les couper en morceaux. Hacher l'ail grossièrement. Dans un chaudron, faire sauter l'ail dans l'huile d'olive et de canola. Ajouter les poivrons rouge et vert et le cumin. Remuer. Ajouter les autres ingrédients : les tomates, le bouillon de poulet, les fèves rouges, les sardines, le piment ancho et le piment jalapeno. Porter à ébullition puis réduire le feu. Couvrir et mijoter de 10 à 15 minutes. Ajouter de l'eau avant la fin de la cuisson, selon l'onctuosité désirée. Verser l'huile de chanvre, le persil, la coriandre et le mélange de graines en fin de cuisson. Servir avec des tortillas, du fromage fondu et de la crème sure.

■■■■■■

4 sardines (11 à 13 oz / 300 à 375 g)
2 gousses d'ail moyennes
1 c. à soupe (15 ml) d'huile d'olive
2 c. à soupe (30 ml) d'huile de canola
1 poivron rouge grillé coupé en dés
1/2 poivron vert en dés
1 c. à thé (5 ml) de cumin
3 tasses (750 g) de tomates en purée
1 tasse (250 ml) de bouillon de poulet
1/2 tasse (125 ml) d'eau filtrée
1/2 à 1 c. à thé (2 à 5 ml) de piment ancho (poblano) en poudre (facultatif)
2 tasses (500 g) de petits haricots rouges cuits
1/2 à 1 c. à thé (2 à 5 ml) de piment jalapeno haché fin
2 c. à soupe (30 ml) de persil frais haché
2 brins de coriandre hachée
4 c. à soupe (60 ml) de graines de chanvre et de citrouille mélangées
1 c. à thé (5 ml) d'huile de chanvre
Accompagnements
Tortillas
Fromage mozzarella écrémé, râpé
4 c. à soupe (60 ml) de crème sure faible en gras

4 portions

Raviolis de poisson et fruits de mer

Chauffer le bouillon (bouillon de poulet, de poisson gras et le vin blanc) jusqu'à ce qu'il frémisse. Ajouter les condiments et assaisonner au goût. Réduire le feu. Pocher le poisson et les fruits de mer dans le bouillon 5 à 8 minutes. Réserver dans une assiette et couvrir de papier aluminium. Cuire les pâtes et les légumes en dés 3 à 4 minutes dans de l'eau salée. Égoutter. Disposer temporairement les pâtes sur un linge humide. Verser un peu de bouillon dans chaque assiette préalablement chauffée. Déposer délicatement un carré de pâte à raviolis à plat. Garnir avec la moitié d'une tranche de poisson, une cuillérée de fruits de mer et des légumes. Recouvrir d'un autre carré de pâte. Sceller à l'aide d'une fourchette. Relever la soupe avec des herbes fraîches et arroser d'un filet du mélange d'huiles.

1/2 tasse (125 ml) de bouillon de poulet
1/2 tasse (125 ml) de bouillon de poisson gras
1/4 tasse (60 ml) de vin blanc
2 tranches (8,81 oz - 250 g) de flétan du Groenland
3,53 oz (100 g) de fruits de mer variés
8 pâtes à raviolis chinois (won ton)
1/2 c. à thé (2 ml) d'ail écrasé
1/4 c. à thé (1 ml) de gingembre haché
1 petite carotte en dés
1 tomate en dés
1 blanc de poireau en lanières
1 brin d'herbe fraîche hachée (aneth, persil, coriandre)
1 c. à soupe (15 ml) d'huile d'olive
1 c. à soupe (15 ml) d'huile de chanvre

4 portions

Pâtes à la sauce blanche et truite grillée

Faire suer l'échalote dans l'huile jusqu'à ce qu'elle devienne transparente. Faire un roux avec le beurre et la farine. Dans un faitout, faire fondre ce mélange. Ajouter le lait. Mélanger au fouet à feu moyen-élevé jusqu'à épaississement. Verser le fromage râpé et le basilic ciselé. Assaisonner. Maintenir la sauce chaude à feu doux.

Écraser le poivre grossièrement. Déposer sur les filets de poisson en pressant. Les faire griller dans l'huile d'olive 2 à 4 minutes de chaque côté selon l'épaisseur et la cuisson désirée. Transférer sur une planche à découper. Couper les filets en deux ou défaire en bouchées. Incorporer à la sauce ou servir sur les pâtes al dente. Accompagner de fleurons de tranches d'aubergine grillées.

■ ■ ■ ▪ ■ ■ ■

4 portions de pâtes
1 filet (14,12 oz - 400 g) de truite
1/2 à 1 c. à thé (2 à 5 ml) de poivre noir entier
2 c. à soupe (30 ml) d'huile d'olive
Sauce blanche
1 échalote française hachée
1 c. à soupe d'huile de canola
2 c. à soupe (30 ml) de farine tout usage
2 c. à soupe (30 ml) de beurre
1 1/2 tasse (375 ml) de lait
1/4 tasse (60 g) de fromage parmesan râpé
2 à 3 feuilles de basilic
1 tasse (250 ml) de bouillon de poisson gras ou de poulet
Sel et poivre blanc moulu
1 pincée de muscade
Accompagnement
Fleurons de tranches d'aubergine grillées

1 portion

Pâtes et poisson au beurre Maître d'hôtel

Couper le poisson en tranches minces ou en lanières. Assaisonner. Réserver. Malaxer le beurre ramolli et l'huile avec le jus d'un demi-citron, le zeste, du sel et du poivre. Ajouter du persil haché finement. Pocher le poisson ou le faire sauter selon la cuisson désirée dans un poêlon recouvert de papier parchemin huilé. Réserver au chaud dans du papier aluminium. Cuire les pâtes al dente dans de l'eau bouillante salée. Égoutter. Incorporer une portion de beurre aux pâtes. Servir avec le poisson entier ou coupé en lanières.

2,82 oz (80 g) de filet de saumon
1 portion de pâtes
1 c. à soupe (15 ml) de persil haché
1/2 c. à soupe (8 ml) de zeste de citron
Sel et poivre noir fraîchement moulu
Beurre Maître d'hôtel allégé
1 c. à soupe (15 ml) de beurre ramolli
1 c. à soupe (15 ml) d'huile de canola
Le jus d'un demi-citron
1 c. à thé (5 ml) de persil haché

4 portions

Pâtes au thon sauce Aurore

Préparer la béchamel. Réserver. Préparer la sauce tomate : Faire sauter les légumes dans l'huile d'olive. Ajouter les tomates, le bouillon et le bouquet garni. Porter à ébullition. Réduire le feu. Mijoter 40 minutes. Jeter le bouquet garni. Passer au mélangeur. Mélanger ensuite la béchamel avec la sauce tomate, constituant ainsi la sauce Aurore. Faire chauffer la sauce. Cuire les pâtes al dente. Défaire le thon en boîte ou trancher le filet de saumon. L'ajouter à la sauce ou disposer sur les pâtes. Servir dans des assiettes préalablement chauffées et napper de sauce. Garnir d'herbes fraîches.

■ ■ ■ ■ ■ ■ ■

4 portions de pâtes
1 boîte (100 g) de thon blanc ou un filet de saumon cuit
1 tasse (250 ml) de béchamel
1 tasse (250 ml) de sauce tomate
1 c. à soupe (15 ml) de basilic haché
Sauce tomate légère
1 tasse (250 g) de légumes en dés fins (oignons, carottes, brocoli, échalotes)
1 c. à soupe (15 ml) d'huile d'olive
1 boîte (28 oz) de tomates broyées (ou l'équivalent fraîches)
1 bouquet garni
1/2 tasse (125 ml) de bouillon de poulet
Sel et poivre fraîchement moulu
1 c. à soupe (15 ml) d'herbes fraîches : basilic, origan en garniture
1 c. à soupe (15 ml) d'huile d'olive

4 à 6 portions

Salade de pâtes froides au poisson cru

Couper les fruits et les légumes en dés fins. Couper le poisson en dés un peu plus gros que les fruits et les légumes. Réfrigérer si les pâtes ne sont pas encore cuites. Hacher les herbes. Dans un saladier, mélanger les pâtes cuites, l'huile, le jus de lime, le vinaigre et les herbes. Assaisonner. Ajouter le poisson et mélanger délicatement ou servir tel quel dans des bols ou sur des feuilles de laitue.

2 tasses (250 g) de fruits et légumes en dés : mangue, ananas, avocat, carottes, tomates, poivrons
300 g de filets de saumon cru
4 tasses (1 000 g) de pâtes
3 c. à soupe (50 ml) de menthe fraîche
3 c. à soupe (50 ml) de coriandre fraîche
1/4 tasse (60 ml) d'huile de noix et d'huile d'olive
Le jus d'une lime
1 c. à soupe (15 ml) de vinaigre de vin blanc
Sel et poivre noir moulu

4 portions

Pâtes et thon au curry vert

Préparer le curry 24 heures à l'avance en mélangeant tous les ingrédients dans un contenant en verre. Conserver au réfrigérateur. Sortir 1 heure à l'avance.

Dans une poêle cannelée, griller les steaks de thon 2 minutes de chaque côté (ou selon l'épaisseur) en laissant l'intérieur rosé. Napper de curry vert. Réserver. Cuire les pâtes. Verser un filet d'huile de canola ou d'huile d'olive dessus. Assaisonner. Disposer dans des assiettes préalablement chauffées avec une portion de thon au curry vert.

4 portions de thon
1/2 tasse (125 ml) de curry vert
4 portions de pâtes
1 à 2 c. à soupe (15 à 30 ml) d'huile de canola
Curry vert
1 c. à soupe (15 ml) d'ail, de gingembre, de coriandre et de basilic
1 c. à thé (5 ml) de citronnelle hachée
1 piment vert (moyennement fort) ou 1/2 c. à thé (2 ml) de pâte chili (Sambal Oeleck)
2 c. à soupe (30 ml) de sauce de poisson (nuoc nam)
1 c. à soupe (15 ml) de pâte de crevettes
Zeste et jus d'un demi citron vert
1/2 tasse (125 ml) de lait de coco
1/4 tasse (60 ml) d'huile de canola ou de soya

2 portions

Pâtes à la crème et au saumon fumé

Cuire les pâtes al dente. Les conserver au chaud. Hacher les tomates séchées. Les faire sauter dans l'huile d'olive 2 minutes. Verser le lait. Chauffer à feu moyen-élevé. Retirer du feu et assaisonner. Ajouter le parmesan et l'œuf tout en brassant. Verser sur les pâtes. Garnir avec le saumon fumé.

Ingrédients
2 portions de pâtes fraîches
2 tranches de saumon fumé
4 tomates séchées réhydratées
1 tasse (250 ml) de lait 1 %
1 jaune d'œuf oméga-3
2 c. à soupe (30 ml) d'huile d'olive
4 c. à soupe (60 ml) de fromage parmesan
Sel et poivre noir moulu

■ ■ ■ ■ ■ ■ ■

4 portions

Pâtes aux tomates et au thon cru en sauce à l'ail

Mélanger tous les ingrédients de la sauce. Réserver.

Couvrir une plaque à cuisson de papier parchemin. Y déposer les tomates préalablement badigeonnées du mélange d'huiles. Enfourner à 200 °F (95 °C) pendant 1 1/2 heure à 2 heures ou jusqu'à ce qu'elles soient confites. Réserver. Cuire les pâtes al dente. Couper le thon en cubes ou en lanières.

Verser assez de sauce sur les pâtes pour qu'elles soient bien enrobées. Servir avec le thon cru, les tomates confites et les herbes. Garnir de graines de citrouille entières et de graines de lin fraîchement moulues.

Ingrédients
1 1/2 tasse (375 g) de tomates cerises
1 c. à thé (5 ml) de mélange d'huile d'olive et d'huile de canola
4 portions de farfalles
5,28 oz (150 g) de thon cru
1 c. à soupe (15 ml) de persil haché
1 c. à soupe (15 ml) de basilic frais
2 à 3 c. à thé (10 à 15 ml) de graines de citrouille
1 c. à thé (5 ml) de graines de lin moulues
Sauce à l'ail
1/2 tasse (125 g) de graines de chanvre écalées
4 gousses d'ail dégermées et hachées
2 c. à soupe (30 ml) d'huile d'olive
2 c. à soupe (30 ml) d'huile de canola ou d'huile de chanvre
1/8 c. à thé d'huile de lin
1/4 c. à thé (1 ml) de sel de mer fin

Pâtes à la sauce au citron et au thym

Cuire les pâtes al dente. Réserver. Chauffer doucement l'huile avec le thym à feu moyen-élevé. Verser le lait. Assaisonner. Retirer du feu. Jeter le brin de thym. Ajouter le parmesan et le zeste de citron tout en mélangeant. Servir sur les pâtes et garnir de saumon fumé et de persil.

4 portions de pâtes
2,64 oz (75 g) de saumon fumé en lanières
2 c. à soupe (30 ml) de persil ou d'aneth haché
Sauce
1 c. à soupe (15 ml) d'huile de canola
1 c. à thé (5 ml) d'huile d'olive
1 brin de thym
1 tasse (250 ml) de lait 1 %
1/4 tasse (60 g) de fromage parmesan râpé
Le zeste de 2 citrons non traité
Sel et poivre noir fraîchement moulu

■■■□■■■

4 portions

Pâtes rapides au beurre safrané

Éponger le poisson préalablement nettoyé et rincé. Assaisonner. Dans un poêlon, faire griller les filets dans un peu d'huile d'olive. Réserver au chaud et recouvrir de papier aluminium. À feu doux, verser l'huile, le safran et le jus de lime. Mélanger jusqu'à ce qu'il soit coloré. Ajouter les herbes et le zeste de lime, au goût. Verser sur les pâtes al dente et sur le saumon. Accompagner de légumes vapeur.

4 steaks de poisson gras (thon, truite, saumon, espadon)
3 c. à soupe (50 ml) d'huile d'olive
2 c. à soupe (30 ml) d'huile d'olive
2 c. à soupe (30 ml) d'huile de canola
Quelques pistils de safran
Jus et zeste d'une petite lime
1 c. à thé (5 ml) de feuilles d'origan
1 c. à thé (5 ml) de persil haché
4 portions de pâtes
Légumes vapeur (haricots verts, brocoli, chou-fleur)
Sel et poivre fraîchement moulu

1 portion

Filet de saumon grillé à l'orange

Presser une orange pour en extraire le jus. Couper les tranches d'ananas en deux. Badigeonner d'huile de soya. Cuire dans une poêle cannelée environ 3 minutes de chaque côté. Réserver au chaud dans du papier aluminium. Pour faire la sauce, chauffer la moitié du jus et le vin blanc, parfumer avec les baies et mélanger la fécule avec l'autre moitié de jus d'orange. Poêler le filet de saumon dans l'huile d'olive ou de l'huile de canola pendant 3 à 4 minutes de chaque côté, selon l'épaisseur. Servir avec du riz sauvage ou une salade verte.

1/2 tasse (125 ml) de jus d'une orange moyenne
2 tranches d'ananas
1 c. à thé (5 ml) d'huile de soya
1 c. à soupe (15 ml) de vin blanc sec
1/2 c. à thé (2 ml) de baies de poivre rose
1 1/2 c. à thé (7 ml) de fécule de maïs
1 darne (4,41 oz - 125 g) de saumon avec la peau
1 c. à thé (5 ml) d'huile d'olive ou de canola
Sel de mer fin
Poivre noir moulu

■■■□■■■

4 portions

Pizza rapide au saumon fumé

Préchauffer le four à 400 °F (205 °C). Étendre la pâte à pizza sur une plaque à cuisson vaporisée d'huile de canola ou d'olive, ou recouverte de papier parchemin. Badigeonner la pâte de pesto. Y déposer les tranches de saumon et le fromage de chèvre égrené. Cuire environ 25 minutes.

1 abaisse de pâte à pizza 8 1/2 x 11 po (21,5 x 30,48 cm)
2 c. à soupe (30 ml) de pesto aux noix
4 tranches de saumon fumé
1 blanc de poireau haché
4 à 5 champignons de Paris
12 olives noires
4 c. à soupe (60 ml) de fromage de chèvre 6 % de gras

4 portions

Brochettes de poisson chermoula

Mouiller les ingrédients de la chermoula avec le jus de citron et l'huile d'olive. Tailler le poisson en cubes. Faire mariner au frais les crevettes et les cubes de poisson dans la chermoula pendant 30 minutes à 1 heure, en les retournant de temps à autre. Utiliser des brochettes de bois qui ont préalablement trempé dans l'eau et les garnir en alternant cubes de poisson, crevettes et légumes au choix. Griller dans une poêle cannelée environ 4 à 5 minutes. Badigeonner de chermoula pendant la cuisson. Servir avec du couscous ou du riz.

■■■■■■■

14,12 oz (400 g) de poisson gras à chair ferme (thon, espadon, saumon)
7,06 oz (200 g) de grosses crevettes
Légumes variés (poivrons, oignons)
Chermoula
2 c. à soupe (30 ml) de jus de citron frais
8 c. à thé (40 ml) d'huile d'olive
1 c. à thé (5 ml) de cumin moulu
1 c. à thé (5 ml) de coriandre moulue
1 c. à thé (5 ml) de paprika
2 c. à soupe (30 ml) de feuilles de menthe
1 c. à soupe (15 ml) de zeste de citron

2 portions

Soufflé de poisson

Faire un roux avec l'huile et la farine. À feu moyen-élevé, ajouter le lait bouillant et mélanger à l'aide d'un fouet jusqu'à épaississement. Assaisonner. Garder la sauce épaisse à feu doux. Monter les blancs en neige pour qu'ils soient fermes. Réserver. Effilocher le poisson à l'aide d'une fourchette. Ajouter de la ciboulette, si désiré. Déposer dans un faitout. Chauffer à feu moyen-élevé. Ajouter la même quantité de béchamel pour rendre le mélange velouté. Assaisonner. Ajouter une pincée de muscade. Retirer du feu quand le mélange est bouillant. Ajouter les jaunes d'œufs. Bien mélanger. Incorporer les blancs d'œufs délicatement. Remplir les ramequins. Cuire au four préchauffé à 300 °F (150 °C) environ 20 minutes. Servir immédiatement.

Sauce béchamel à base de lait 1 %
2,64 oz (75 g) de poisson cuit (saumon, truite, maquereau, thon, hareng, sardines)
2 œufs oméga-3
Ciboulette séchée
1 noix de muscade
Sel et poivre noir moulu
Sauce béchamel
Roux
1 c. à soupe (15 ml) de farine
1 c. à soupe (15 ml) d'huile de canola
1 tasse (250 ml) de lait 1 %
Pincée de muscade
Sel et poivre

4 portions

Fondue au poisson et fruits de mer

Afin de le couper plus facilement, mettre le poisson au congélateur environ 15 minutes. Couper les filets en cubes ou en fines lanières. Disposer dans une assiette de service. Réserver au froid. Couper les légumes en bouchées.

Porter le bouillon à ébullition quelques minutes. Verser le vin, au goût. Ajouter les herbes et les condiments. Transférer dans le plat à fondue.

Choix de poissons gras
Saumon
Truite
Bar
Thon
Choix de fruits de mer
Crevettes
Pétoncles
Calmars
Choix de légumes
Poivrons
Asperges
Champignons
Bouillon
1 1/2 tasse (375 ml) de bouillon de poulet
1 1/2 tasse (375 ml) de fumet de poisson gras
1/4 tasse (60 ml) de vin blanc sec (facultatif)
1 bouquet garni
2 oignons verts
1 gousse d'ail
Quelques pistils de safran (facultatif)
Pincée de poivre de Cayenne

1 portion

Poisson en papillote

Préchauffer le four à 400 °F (200 °C). Couper une longueur de papier parchemin de 24 po (60 cm) ou moins, selon la façon dont seront formés les plis de fermeture. Vaporiser d'huile l'intérieur et l'extérieur du papier. Couper les légumes plus ou moins finement selon la grosseur et la variété. Étendre sur le papier parchemin. Badigeonner les légumes d'huile d'olive. Déposer le poisson par-dessus. Vaporiser d'huile d'olive. Emballer le tout en formant des plis ou en papillote, en serrant aux deux extrémités pour bien les fermer. Cuire environ 10 à 15 minutes sur une plaque à cuisson. L'enveloppe de papier gonflera et brunira légèrement. Le poisson cuit dans son jus. Couper le filet de maquereau au centre et servir immédiatement. Saupoudrer de graines de lin moulues et de graines de chanvre écalées au moment de servir.

1 filet de maquereau paré (3,53 oz - 100 g)
Légumes variés en julienne (carottes, oignons verts, laitue chinoise, asperges)
2 champignons shiitake
1/2 c. à thé (2 ml) d'huile d'olive
1/2 c. à thé (2 ml) de graines de lin moulues
1 c. à thé (5 ml) de graines de chanvre écalées

■ ■ ■ ■ ■ ■ ■

2 portions

Escalopes de saumon à la réglisse

Couper le filet de saumon de manière à en obtenir quatre escalopes. Assaisonner. Cuire seulement 1 côté des escalopes dans l'huile pendant environ 1 à 2 minutes. Réserver au chaud. Chauffer le fumet de moules et le lait. Ajouter les épinards. Réduire au mélangeur. Remettre sur le feu. Chauffer à feu moyen-élevé. Mélanger la farine avec l'huile pour faire un roux. Ajouter le mélange de farine et les cachous. Fouetter. Retirer du feu. Assaisonner. Disposer les escalopes sur les assiettes. Napper de sauce. Garnir avec des légumes verts crus ou vapeur : haricots verts, carottes ou céleri-rave.

1 filet de saumon (10,59 oz - 300 g)
1 1/2 c. à soupe (23 ml) d'huile d'olive
Sel et poivre fraîchement moulu
Sauce
1/2 tasse (125 ml) de fumet de moules
1/2 tasse (125 ml) de lait 1 %
1 c. à soupe (15 ml) d'huile de canola ou de soya
1 c. à soupe (15 ml) de farine
1/2 tasse (125 g) de bébés épinards
4 à 6 cachous (pastilles à la réglisse)
Sel et poivre fraîchement moulu
Roux
1 c. à soupe (15 ml) de farine
1 c. à soupe (15 ml) d'huile de canola ou de soya

1 portion

Thon braisé aux champignons

Faire une entaille dans les tomates et les ébouillanter 1 minute. Peler et couper les tomates en quatre. Couper le poivron et l'oignon vert. Réduire les légumes en purée à l'aide d'un mélangeur. Rectifier l'assaisonnement. Transvider dans un petit chaudron pour réchauffer un peu plus tard au moment de servir. Faire cuire le filet de thon dans l'huile d'olive 1 minute de chaque côté. Incorporer l'oignon tranché. Mouiller au vin blanc et au bouillon de légumes. Saupoudrer de la farine sur le bouillon. Mélanger et assaisonner. Couvrir et braiser 10 à 15 minutes (à feu doux). Déposer le poisson et son jus de cuisson dans une assiette creuse couverte de papier d'aluminium. Faire sauter les champignons dans l'huile d'olive. Verser la purée réchauffée dans une assiette de service. Déposer le thon. Garnir avec les champignons sautés.

■■■□■■■

| 2 tomates |
| 1/2 poivron rouge |
| 1 oignon vert |
| 1 filet de thon de 4,41 oz (125 g) |
| 1 c. à thé (5 ml) d'huile d'olive |
| 1 petit oignon jaune tranché |
| 1/3 tasse (80 ml) de vin blanc sec |
| 1/3 tasse (80 ml) de bouillon de légumes ou de poulet bio |
| 1 c. à thé (5 ml) de farine |
| Sel et poivre moulu |
| 2 à 3 champignons (cèpes, pleurotes) |

2 portions

Filet de bar au cidre

Préchauffer le four à 375 °F (190 °C). Huiler légèrement un plat de cuisson. Assaisonner le poisson. Déposer le poireau sur les pommes en tranches. Ajouter les herbes et le poisson. Mouiller au cidre. Recouvrir de papier d'aluminium. Cuire de 20 à 25 minutes. Récupérer le jus de cuisson. Faire un roux avec la farine et l'huile. Chauffer le lait. Ajouter le roux. Fouetter. Réduire le feu quand la sauce a épaissi. Napper le poisson de sauce ou la servir à part. Faire une purée avec les pommes cuites au mélangeur en ajoutant 2 à 3 cuillérées de jus de cuisson. Servir en accompagnement avec des pommes de terre grelot.

| 7,06 oz (200 g) de filets de bar |
| Sel et poivre fraîchement moulu |
| 1 blanc de poireau émincé |
| 2 pommes Cortland tranchées |
| 1 feuille de laurier |
| 1 brin de thym |
| 1/2 tasse (125 ml) de cidre brut |
| Le jus d'un citron moyen |
| 1 c. à soupe (15 ml) d'huile de soya |
| 1 c. à soupe (15 ml) de farine (Kamut, blé entier) |
| 1/2 tasse (125 ml) de lait 1 % |

2 portions

Poisson blanc poché style thaïlandais

Trancher le poisson en cubes. Chauffer un poêlon et griller les épices quelques minutes. Ajouter de l'huile de sésame et de l'huile de canola. Faire sauter l'oignon vert. Ajouter l'ail, la citronnelle et le gingembre. Cuire le poisson durant 2 minutes, à feu élevé. Réserver au chaud. Réduire le feu. Verser le bouillon, la sauce de poisson, le lait de coco et incorporer le jus de lime dans une petite casserole. Mijoter 5 minutes. Servir la sauce sur le poisson avec des vermicelles ou du riz et des légumes crus ou sautés. Garnir de coriandre fraîche, si désiré.

■■■■■■

| 7,06 à 8,81 oz (200 à 250 g) de flétan |
| 1/2 c. à thé (2 ml) de piment chili |
| 1 c. à thé (5 ml) de coriandre moulue |
| 2 graines d'anis étoilé moulues |
| Huile de canola et huile de sésame |
| 2 oignons verts hachés |
| 1 gousse d'ail |
| 1/2 c. à thé (2 ml) de gingembre râpé |
| 1/3 tasse (80 ml) de bouillon de légumes |
| 1 c. à thé (5 ml) de sauce de poisson |
| 3 c. à soupe (50 ml) de lait de coco |
| 1 c. à thé (5 ml) de jus de lime |
| 1/2 c. à thé (2 ml) de citronnelle râpée (facultatif) |
| Brins de coriandre fraîche |
| Accompagnement |
| Vermicelles ou riz |
| Légumes crus ou sautés (poivrons de couleur, par exemple) |

4 portions

Filet de saumon sauce moutarde

Faire un roux avec la farine et l'huile. Verser le lait. Porter à ébullition tout en fouettant. Ajouter la moutarde quand la sauce a épaissi. Rectifier l'assaisonnement. Dans une poêle cannelée, griller les filets dans le mélange d'huiles. Servir avec la sauce.

| 4 filets de saumon (4,41 oz - 125 g chacun) |
| 2 c. à thé (10 ml) d'huile de canola |
| 2 c. à thé (10 ml) d'huile d'olive |
| 1 c. à soupe (15 ml) de persil haché |
| Sauce à la moutarde |
| Roux |
| 1/4 tasse (60 g) de farine |
| 4 c. à soupe (60 ml) d'huile de canola |
| 1 1/4 tasse (330 ml) de lait 1 % |
| 2 c. à soupe (30 ml) de moutarde de Dijon ou à l'ancienne |

2 à 3 portions

Tartare de thon et pétoncles à la coriandre

Rincer et essuyer le thon et les pétoncles. Couper en petits dés. Transférer le tout dans un saladier. Verser le jus de lime. Mélanger en soulevant les dés. Saupoudrer de chili, au goût. Assaisonner légèrement. Ajouter l'huile, les oignons et le céleri. Assaisonner. Mélanger. Réserver au réfrigérateur 30 minutes à 1 heure (on peut aussi le servir immédiatement). Égoutter le mélange de poisson. Ajouter le persil et assaisonner. Servir sur une algue nori (à sushi).

■■■■□■■■

2 portions

Tartare de truite à la poire

Enlever la peau et les arêtes du filet. Le couper en petits dés. Couper la poire en dés. Couper l'échalote très finement. Ciseler la menthe. Dans un bol en verre ou en inox, mélanger tous les autres ingrédients. Préparer le tartare à l'aide d'un emporte-pièce dans l'assiette de service sur un mélange de mesclun ou du cresson. Réfrigérer 20 à 30 minutes, si désiré, et ajouter d'autre jus de citron au moment de servir.

5,5 oz (150 g) de thon frais
5,5 oz (150 g) de pétoncles
1 c. à soupe (15 ml) de jus de lime
1 pincée de chili en poudre
2 c. à thé (10 ml) d'huile de chanvre
2 oignons verts hachés finement
2 c. à soupe (30 ml) de céleri haché finement
Sel et poivre fraîchement moulu
1/2 c. à thé (2 ml) de persil haché finement
2 feuilles d'algue nori (facultatif)

1 filet de truite en dés (8,81 à 10,59 oz - 250 à 300 g)
1 petite poire ferme en dés (Bosc, asiatique)
1 c. à soupe (15 ml) d'échalote française
2 à 3 feuilles de menthe fraîche
1 c. à soupe (15 ml) d'huile d'olive
1 c. à soupe (15 ml) d'huile de canola
1 c. à soupe (15 ml) de jus de citron
1 c. à thé (5 ml) de gingembre haché
Sel et poivre vert fraîchement moulu
Cresson ou mesclun

1 portion

Filet citronné express

Chauffer un poêlon cannelé. Vaporiser d'huile d'olive. Ajouter du persil et du zeste de citron. Cuire 1 minute en remuant. Assaisonner le filet de poisson. Augmenter la chaleur. Cuire le poisson 2 minutes de chaque côté; verser du jus de citron en fin de cuisson. Servir avec des légumes ou une salade verte.

1 filet (5,28 oz - 150 g) de poisson gras à chair ferme (saumon, thon, bar, espadon)

1 c. à soupe (15 ml) d'huile d'olive

2 c. à soupe (30 ml) de persil plat haché

2 c. à soupe (30 ml) de zeste de citron

2 c. à soupe (30 ml) de jus de citron

Sel et poivre noir moulu

4 portions

Brochettes de poisson et crevettes à la mangue

Tremper les brochettes dans l'eau au préalable. Mariner durant 15 minutes le poisson et les crevettes dans la marinade faite de jus de citron, d'huile d'olive et d'herbes hachées. Couper la mangue en cubes. Préparer la sauce à l'aide d'un mélangeur en versant tous les ingrédients avec ce qui reste de mangue fraîche. Chauffer la sauce à feu doux. Préparer les brochettes en alternant oignon vert, poisson, crevettes et mangue. Griller les brochettes au four environ 6 à 8 minutes. Retourner quelques fois.

■ ■ ■ ■ ■ ■ ■

10,59 oz (300 g) de bar
8 crevettes
1 à 2 mangues
4 oignons verts
Marinade
1 c. à soupe (15 ml) de jus de citron
3 c. à soupe (50 ml) d'huile d'olive
1 c. à soupe (15 ml) de persil frais haché
1 c. à soupe (15 ml) de fenouil frais haché
1/2 c. à thé (2 ml) de gingembre râpé (facultatif)
Poivre noir fraîchement moulu
Sauce à la mangue
1/2 mangue
1 c. à soupe (15 ml) de miel (facultatif)
1 petite gousse d'ail
1/2 tasse (125 ml) de jus d'orange
1 c. à thé (5 ml) de sauce soya légère
Quelques gouttes de Tabasco

2 portions

Darnes de saumon à l'ail confit

Préchauffer le four à 300 °F (150 °C). Badigeonner les gousses d'ail épluchées de graisse de canard et les étaler dans un plat allant au four. Cuire environ 45 minutes jusqu'à ce qu'elles soient; confites.

Cuire les pommes de terre et les carottes à la vapeur de sorte qu'elles ne soient qu'à moitié cuites. Égoutter. Trancher les pommes de terre en bouchées et les carottes, au goût. Réserver dans du papier d'aluminium. Cuire le saumon dans un peu de graisse de canard environ 8 à 10 minutes selon la cuisson désirée. Faire revenir les légumes aussi dans la graisse de canard. Parsemer de ciboulette. Servir avec une salade verte.

2 darnes de saumon (8,81 oz - 250 g)
2 têtes d'ail
4 c. à soupe (60 ml) de graisse de canard
2 pommes de terre moyennes
2 jeunes carottes
4 brins de ciboulette
Sel et poivre

1 portion

Truite au four style méditerranéen

Nettoyer la truite et l'assécher. Couper la tomate et l'oignon en morceaux et faire revenir dans l'huile d'olive environ 1 minute à feu moyen. Assaisonner. Cuire le poisson au four à 350 °F (175 °C) 15 minutes ou plus selon la grosseur. Quelques minutes avant la fin de la cuisson, déposer le mélange à base de tomates et d'oignons sur le poisson.

Servir la truite accompagnée de pâtes arrosées d'huile d'olive aromatisée à l'ail rôti et saupoudrées d'un bon Parmigiano Reggiano (fromage parmesan importé d'Italie).

1 filet de truite (environ 5,28 oz (150 g))
1 tomate italienne épépinée
1 oignon vert
1 c. à soupe d'olives noires
1 c. à soupe d'huile d'olive
1/2 c. à thé (2 ml) de thym frais
Sel et poivre fraîchement moulu

■ ■ ■ ■ ■ ■ ■

1 portion

Truite panée aux graines de lin

Mélanger les ingrédients de la panure dans un bol et transférer dans une assiette plate. Enrober le filet de panure. Verser de l'huile d'olive dans un poêlon et cuire à feu vif environ 3 minutes de chaque côté. Servir accompagné d'une salade mesclun arrosée d'une bonne vinaigrette maison ou avec une combinaison de légumes de la famille des crucifères (chou, brocoli), sautés ou cuits légèrement à la vapeur.

1 filet de truite (environ 5,28 oz (150 g))
Sel et poivre
Huile d'olive de première pression
Panure
1/4 c. à thé (1 ml) de farine de kamut (ou de blé entier)
1/4 c. à thé (1 ml) de graines de lin moulues
1/4 c. à thé (1 ml) de lécithine de soya en granules
3 à 4 c. à soupe (50 à 60 ml) d'assaisonnement à poisson

1 portion

Brochettes de lotte à l'ananas

Trancher l'ananas aux extrémités, enlever le centre fibreux et couper en deux pour faciliter l'opération. Tailler en cubes d'un pouce (environ 3 cm). Préparer la marinade et tailler le poisson en cubes. Faire mariner 30 minutes à 1 heure. Monter les brochettes avec les légumes frais. Faire griller sur une plaque antiadhésive 4 minutes environ en les retournant.

Servir accompagné d'une salade verte et de champignons shiitake ou de riz basmati vapeur.

■ ■ ■ ■ ■ ■

3,53 oz (100 g) de Lotte en cubes
3 tiges d'oignon vert
9 cubes d'ananas frais
Marinade
3 parties d'huile de pépins de raisin bio
1 partie d'huile de sésame
3 c. à soupe de jus d'ananas
1 c. à thé de zeste de citron ou de lime
Pincée de curcuma et de poivre noir
1/4 c. à thé (1 ml) de gingembre haché (facultatif)
1/4 c. à thé (1 ml) d'ail haché (facultatif)

4 portions

Darnes de saumon au pesto à la coriandre

Mélanger tous les ingrédients du pesto dans un robot culinaire et verser l'huile d'olive en filet, environ 1/2 tasse. Transvider dans un bol de service recouvert de pellicule plastique ou dans un contenant hermétique. Préchauffer le four à 350 °F (175 °C). Cuire le poisson dans un plat recouvert de papier parchemin 15 minutes ou moins (soit 3 minutes par cm d'épaisseur), selon les préférences. Vérifier la cuisson. Assaisonner.

Pendant la cuisson du poisson, faire bouillir de l'eau, ajouter du sel et les pâtes. Cuire 5 minutes ou plus selon les indications sur l'emballage. Égoutter, arroser d'un filet d'huile d'olive et ajouter un peu de zeste de citron. Les servir avec le poisson cuit à point (la chair se défait à la fourchette). Le pesto à la coriandre peut être nappé sur le poisson ou servi à part, comme sauce d'accompagnement; servir chaud ou à la température de la pièce.

4 darnes de saumon (4,40 à 5.28 oz - 125 à 150 g chacune)
Pesto à la coriandre
Coriandre fraîche : 2 parties
Persil frais : 1 partie
1 petite gousse d'ail
Le jus d'un demi-citron
2 c. à soupe (30 ml) de parmesan râpé
2 à 3 c. à soupe (30 à 50 ml) de noix de Grenoble
Sel et poivre fraîchement moulu
Pincée de curcuma (au goût)
Accompagnement
Nouilles à l'encre de calmar
Zeste de citron
Huile d'olive
Ail haché

Bon appétit....